NOTICE

BIOGRAPHIQUE

SUR

Jean-Baptiste LOITRON,

DU JARDIN-DES-PLANTES.

RHEIMS,

IMPRIMERIE DE E. LUTON, PLACE ROYALE, 1.

—

1842.

NOTICE

Biographique

SUR

Jean-Baptiste LOIFRON.

Rheims! douce patrie, cité féconde en hommes
illustres dans tous les temps et dans tous les genres;
berceau des Turpin, Guillaume Coquillart, Barbier
du Metz, Colbert, Bergier, Pluche, Thierry-Rui-
nart, Michel-Chrétien Deschamps, Linguet, etc.!

Comment se fait-il que, depuis long-temps, tes grands
citoyens passent pour ainsi dire oubliés et sans que
personne daigne révéler les services qu'ils ont pu
rendre à la société en général ou à leurs concitoyens
en particulier? Manque-t-il de plumes en état de re-
tracer leurs vertus? N'est-il plus, dans tes murs, d'é-
crivains qui puissent faire apprécier le mérite de leurs
actions et de leurs travaux? Mais Rheims, disons-le
avec justice et avec orgueil, Rheims peut se glorifier
encore aujourd'hui de renfermer dans son sein beaucoup d'hommes honorables, savants et capables de
laisser à la postérité le souvenir des talents éminents
qui disparaissent à chaque instant de la scène du
monde.

Honneur et reconnaissance au digne prélat qui dirige en ce moment l'église de Rheims ! Il fait, dit-on, tous ses efforts pour faire refleurir dans notre ville les sciences et les arts, qui, depuis quelque temps, semblent comme absorbés par les spéculations manufacturières et commerciales ; et il a eu l'heureuse idée d'instituer une académie, une société de gens de lettres, qui sans doute ne tardera pas à faire voir ce que peuvent les Rhémois, non seulement dans les arts industriels, mais encore dans les travaux de l'intelligence et du génie.

On écrit tant de nos jours, on le fait avec un tel goût et une telle érudition, qu'il est peut-être téméraire à moi d'oser entrer dans une carrière si pleine d'écueils, si hérissée de difficultés et si fertile en naufrages. Je sens bien ma faiblesse, mon insuffisance. Je devrais m'abstenir. Je veux cependant essayer de sauver de l'oubli un nom qui n'a pas été sans quelque renommée parmi nous, quoique l'homme qui le portait sortît d'une origine qui n'avait pas grand éclat. Puissent mes efforts m'obtenir l'indulgence ! je la réclame en faveur du motif qui me guide.

Jean-Baptiste Loitron, connu presque par toute la ville sous le nom de *Baptiste*, naquit le dix-neuf novembre mil sept cent quatre-vingt-quatre, aux Alleux, département des Ardennes, village à huit kilomètres environ du Chêne-le-Populeux, quatre kilomètre de Grandpré, de parents qui vivaient honorablement du travail de leurs mains. Son père, simple employé comme garde-ventes dans les propriétés de M. Collart, était considéré par le maître qu'il servait, et estimé de tous les habitants de son pays. L'éducation qu'il put donner à son fils fut celle du village où il vivait, et se réduisit à la lecture, l'écriture et le calcul.

Les premières années de la vie du jeune Loitron se passèrent donc au milieu des bois, dans lesquels le reléguaient presque constamment les obligations de son père. Mais déjà des éclairs du génie qui allait se révéler en ce jeune homme commençaient à scintiller; et, malgré la solitude dans laquelle il se trouvait en quelque sorte abandonné, ce temps, qui semble perdu, ne fut pas tout-à-fait stérile pour une plus ample instruction qu'il se devait faire lui-même, sans autre aide que la nature et ses dispositions innées. Les moments de non-travail dans le bois dont il avait la surveillance et l'exploitation sous son père, étaient remplis par la fabrication, au moyen de son couteau ou de quelque instrument équivalent, de petits ouvrages en bois, simples, légers, adroitement façonnés, tels que meubles de ménage ou de fantaisie, outils de métier, etc., etc. Il essayait ainsi le développement de sa dextérité, et les inspirations de son intelligence et de son goût.

Vers sa quatorzième année, l'on ne sait par quelle circonstance ou par quel motif, il fut envoyé à Rheims pour y apprendre le jardinage. Son père, qui avait perdu sa femme, s'était remarié; et c'est sans doute cette cause qui décida le fils à quitter la maison paternelle. Au reste, il arriva dans notre ville et fut placé chez un honnête jardinier qui guida ses premiers pas dans les travaux que nécessite la culture de la terre. Ces commencements ne furent pas fort pénibles pour lui, accoutumé qu'il était à la fatigue, aux durs travaux du corps et à l'intempérie des saisons. Son zèle, son exactitude et son intelligence précoce et peu commune, le rendirent bien précieux à ce maître, qui, voyant son assiduité, son adresse et sa constance dans les diverses occupations auxquelles il l'appelait, mit en lui la plus grande confiance.

Au bout d'environ six ans, c'est-à-dire lorsqu'il ve nait d'atteindre sa vingtième année, Loitron quitta ce maître dont il n'a eu qu'à se louer, et dont il a toujours depuis parlé avec respect et reconnaissance. Il serait encore ici difficile de dire pourquoi il sortit de chez ce jardinier, auquel il était fort attaché ; et l'on présume que ce fut la mort de cet homme qui l'obligea à la retraite ; ou peut-être fut-il demandé par M. Noël, docteur en médecine et en chirurgie, qui, établissant alors un jardin de botanique, cherchait un jeune homme déjà instruit en horticulture, pour le mettre à la tête des ouvrages de ce jardin. Il entra donc chez M. Noël en qualité de jardinier en titre, et, de concert avec deux amateurs de botanique de cette ville, dont un, nommé *Duhan*, fut par la suite chargé en chef de la serre tempérée du Jardin-des Plantes de Paris, le jardin de M. Noël, qui pouvait et devait être si utile, fut convenablement disposé ; les plantes des environs furent cherchées, nommées et placées suivant le système de Jussieu, et tout alla à la satisfaction de M. Noël et du public rhémois.

Cependant il ne suffisait pas, pour le jardin que l'on formait, et pour l'enseignement de la botanique, d'avoir recueilli les plantes qui croissent spontanément dans le pays ; il fallait encore s'en procurer d'exotiques, et en aussi grand nombre que possible, de manière à meubler suffisamment ce jardin, et à le rendre aussi riche que le peut faire un simple particulier avec ses propres et seuls moyens. Ce fut avec le jardin de Paris surtout que l'on dut correspondre pour en obtenir ; et puis, il fut indispensable de construire une serre chaude et une serre d'orangerie, pour la conservation d'une grande partie de ces plantes dans la saison des froids. Le plan de la serre chaude fut dressé en petit par Loitron, et exécuté par sa direction, sous ses yeux, et même en grande partie par ses mains.

L'histoire du Jardin des Plantes de Rheims est donc en quelque façon l'histoire entière de la vie de notre Loitron. Il a assisté, pour ainsi dire, à sa création, et il a terminé sa carrière peu de temps après la dislocation de ce bel établissement; car M. Noël, qui en était le fondateur, et conséquemment le directeur, ayant cessé de vivre, le conseil de ville négligea de conserver, en l'acquérant des héritiers de M. Noël, un institution qui était si avantageuse sous toutes sortes de rapports, et qui n'avait plus besoin que d'être continuée et augmentée; et ce jardin n'existe plus qu'en souvenir et en regrets. Il contenait, lors de sa suppression, deux mille et quelques cents individus de presque toutes les familles, et semblait indispensable, non seulement par rapport à l'école secondaire de médecine et au cours de chimie, mais encore dans l'intérêt de la fabrique et de la teinture. Enfin, c'est une faute de l'administration de ne s'être pas opposée à l'anéantissement de cet important établissement, qui était assez bien monté, et qui avait coûté à son fondateur beaucoup de soins et d'argent; et c'est une affaire à laquelle l'administration de la ville sera, par la suite, et peut-être incessamment, obligée de revenir.

Loitron se donna tout entier aux travaux que demandait une aussi belle entreprise, qui, d'ailleurs, allait parfaitement à ses goûts. Il étudia la botanique et y fit en peu de temps d'assez grands progrès; il avait une mémoire facile et fidèle, et, quoiqu'il fût illettré et tout-à-fait étranger à la langue latine, tous les termes et les principes de la science lui furent bientôt familiers; et l'on était surpris de la manière presque savante avec laquelle il raisonnait en botanique.

Les moments que l'inclémence des temps l'empêchait de donner aux soins du jardinage, il les employait à entretenir l'établissement des objets nécessaires ou de décoration, comme instruments aratoires, caisses à arbustes, gradins, etc.; et, pendant vingt-sept à vingt-huit ans que l'on a pu connaître Loitron dans ce jardin, on a pu s'apercevoir qu'il ne l'a presque pas quitté : son seul délassement, son unique plaisir était de varier ses occupations, car il était infatigable, et il fallait que son imagination fût toujours en haleine. Le temps était-il pluvieux, Loitron ne pouvait-il mettre le pied dans le jardin, les serres ne réclamaient-elles pas ses soins, il gagnait alors son atelier, et s'occupait de menuiserie, serrurerie, coutellerie, tabletterie, etc., etc. Le tour lui plaisait infiniment; il s'était, sans le secours de personne, mis à faire plusieurs tours; un entre autres, qu'il avait particulièrement soigné, était loué des amateurs; il tournait lui-même admirablement toute sorte d'objets en bois, fer, cuivre, ivoire, argent, et il était cité comme un des plus forts tourneurs-amateurs; il s'était aussi rendu très-habile en armurerie; et tous ces petits talents, en dehors du jardinage, remplissaient les moments que d'autres auraient employés à des plaisirs futiles. La numismatique fut encore une science qu'il aborda, et dans laquelle il montra quelque sagacité et beaucoup de discernement; cependant ses collections en ce genre ne purent être considérables, parce qu'il ne pouvait y consacrer que peu d'argent. Mais là besogne à laquelle il se livrait avec le plus d'entraînement était celle qui avait pour objet les instruments de mathématiques, qu'il exécutait avec une justesse et une précision incroyables dans un ouvrier qui devait tout à lui-même, à son jugement et à son adresse. Tout ce qui paraissait compliqué dans les arts mécaniques était, pour ainsi dire, deviné par lui : lorsqu'on lui soumettait quelque chose d'extraordinaire, il l'examinait avec une grande attention, et quelquefois dans le moment même, ou au moins peu de temps après y avoir bien réfléchi, il était en état de donner la solution du mécanisme qu'on n'avait fait que lui montrer, et dont son esprit, si heureusement organisé, n'avait cessé de se tourmenter jusqu'à ce qu'il en eût surpris les moyens et la fin. Je l'ai fréquenté très-long-temps, je l'ai bien étudié, et je connais peu de têtes aussi propres que la sienne pour tous les ouvrages qui demandent de l'intelligence, de l'application et du calcul. Il passait avec délice des journées, et parfois une partie des nuits, dans ces occupations, auxquelles il se livrait de tout cœur et avec une tenacité que rien n'était capable de rebuter. Il faisait vite et bien ; il voyait juste et presque tout de suite : son coup-d'œil était rapide et sûr.

Enfin, il s'était de bonne heure instruit dans l'art du dentiste, art qui fait partie de la chirurgie, et dans lequel il alla assez loin pour que toute la ville et les campagnes des environs ne voulussent avoir affaire qu'à lui pour les opérations qui en dépendent. Il fut, pendant plus de 15 ans, celui qui tira le plus de dents ; et les dentistes et les chirurgiens et médecins ensemble faisaient à peine le quart de la besogne. Ce qui lui donnait surtout beaucoup de clients, c'est qu'il était très-désintéressé, qu'il se faisait peu payer, et souvent pas du tout. Il entendait cet art à merveille, et il s'est fait une grande réputation pour l'extraction des dents et les petites opérations que nécessitent la santé et l'entretien de la bouche.

Nous avons à peu près, et à grands traits, passé en revue tout ce qui se rapporte aux talents et connaissances que s'était donnés cet homme, qui s'était véritablement jeté, seul et sans aide, hors de la classe pour laquelle il était né, et dont il paraissait ne devoir jamais sortir. Parlons maintenant de ses qualités du cœur; elles ne sont certainement pas au-dessous de celles de l'esprit, que nous venons de lui reconnaître.

Loitron se maria à vingt-deux ans, il eut deux enfants; un fils seul vit encore. Son ménage fut parfaitement heureux; sa femme le pleurera éternellement, et son fils regrettera toujours de n'avoir pu, à cause de sa grande jeunesse, profiter davantage de l'expérience de son père et des soins et conseils qu'il eût pu en recevoir pour un état quelconque qu'il eût voulu embrasser. Loitron eut plusieurs frères et sœurs, tant du premier que du deuxième mariage de son prèe, et ce fut par sa sollicitude, et en partie aussi par ses moyens pécuniaires, qu'ils furent élevés et pourvus d'états.

Il était bon, modeste, affable et d'un commerce très-facile dans la société; il avait beaucoup d'amis, et pouvait en avoir bien plus, mais il ne se liait intimement que lorsqu'il pouvait compter sur la franchise et la plus exacte probité. Il ne tolérait ni l'injustice, ni les mauvais procédés ; il était peu endurant à l'égard des malhonnêtes gens, et son caractère, extrêmement vif et facile à irriter, ne lui permettait pas de supporter la plus légère injure, fût-ce de la part d'hommes même de la position la plus élevée. Ses mœurs étaient pures, sa conduite irréprochable ; tout ce qui tendait à l'immoralité le révoltait. Sa générosité et son désintéressement étaient grands, quoique ses moyens ne fussent pas toujours en proportion de sa bonne volonté. Il eut lieu, de temps en temps, de se repentir de sa trop grande facilité à obliger, car ce n'était pas seulement envers sa famille qu'il se livrait à la bienfaisance et aux services pécuniaires : tous ses amis pouvaient avoir recours à lui dans les moments difficiles ; et, s'il ne venait pas à leur secours par lui-même, il trouvait presque toujours les moyens de leur être utile, en leur procurant, par les autres, et sous sa propre responsabilité, ce qu'il ne pouvait faire de ses propres deniers.

Nous avons, ce nous semble, suffisamment fait connaître le bon esprit et la belle âme de l'homme intéressant dont nous venons d'esquisser faiblement l'histoire ; il ne nous reste plus qu'à dire quelques mots de la triste fin qui lui était réservée ; elle a été trop publique pour qu'on puisse la passer sous silence.

On a dit trivialement, et il y a long-temps, qu'*on ne pouvait perdre l'esprit quand on n'en avait pas*, ce qui n'est pas rigoureusement vrai, puisque l'on voit très-fréquemment des gens, à qui l'on ne peut attribuer d'esprit, ni naturel, ni acquis, tomber dans l'idiotisme, la démence, la folie, la manie furieuse, etc..... Eh bien ! Loitron, qui avait beaucoup d'esprit naturel et un bon sens rare, a fini par perdre

l'esprit. Que dis-je ! Loitron a perdu l'esprit ; mais
non : jamais sa conversation, son raisonnement, n'ont
pu faire croire à personne qu'il ne possédât plus toute
sa raison , toutes ses facultés intellectuelles ; ses dis-
cours, l'enchaînement de ses idées, n'ont jamais
manqué d'être absolument justes et bien suivis ; il
était toujours le même pour ceux avec lesquels il con-
versait ; mais, pour lui-même, ce n'était plus la
même chose : il était véritablement changé, il avait
perdu son aplomb, il avait cessé d'avoir confiance en
la solidité de son discernement. Plus de deux ans
avant sa mort, on pouvait s'apercevoir qu'il avait de
fréquents moments d'exaltation et de crainte du ren-
versement de sa tête ; il se plaignait de quelque chose
d'insolite dans sa manière de faire et de sentir , et cependant il était impossible de rien démêler, ni dans
ses paroles, ni dans ses actions, qui indiquât que son
intelligence et sa capacité eussent reçu la plus légère
atteinte. Il lui semblait que tous ceux qui l'appro-
chaient devaient trouver en lui un grand changement;
et certainement ce changement n'était vrai que dans
son imagination ; il y avait aberration , perversion
dans son jugement, qui, jusque-là, avait été si sain et
si lucide. Il ne négligeait pas absolument son jardin ,
mais il ne le tenait plus que par une espèce de rou-
tine ; il n'y apportait plus le même goût et la même
recherche. Il était devenu d'une insouciance marquée
pour ses affaires domestiques ; il passait des heures
entières , sans paraître occupé d'autre chose que de
ses sombres pensées et de réflexions tristes , lui qui
avait toujours montré une activité et une vigilance si
imperturbables. Il prétendait qu'il ne devait plus
vivre ; que les personnes qui, dans tous les temps, lui

avaient témoigné tant de bienveillance et d'égards, ne le regardaient plus du même œil, qu'elles évitaient sa rencontre et se refusaient à son approche. Tout ce que l'on pouvait imaginer pour le distraire des idées noires qui l'obsédaient, ne faisait que l'y enfoncer davantage. Il se croyait dédaigné, méprisé, haï de tous ceux qui lui avaient autrefois porté intérêt. Cependant, lorsque ses amis cherchaient, par tous les raisonnements possibles, à le ramener à des idées meilleures, il avouait que toutes les objections qu'on lui opposait, il se les faisait lui-même à chaque instant, mais qu'il était poussé, malgré lui et sans pouvoir s'en défendre, à quitter la vie. Long-temps avant sa mort, la catastrophe était prévue, certaine, immanquable. Enfin il termina, le premier octobre mil huit cent trente-neuf, une vie qui a été assez remplie par le bien qu'il a fait, et qui lui mérite à jamais la reconnaissance et le regret du plus grand nombre de ses concitoyens !

RHEIMS, IMPRIMERIE DE E. LUTON.

9 782013 188586